DISCOURS

PRONONCÉS

PAR LE JUGE DE PAIX

DE SENONCHES,

Devant la Maison Commune, le 25 Août 1814,
à l'issue des Vêpres ;

Et le 21 Janvier 1815 , avant le Service funèbre
célébré pour LOUIS XVI.

25 Août 1814.

La Religion propose dans ce jour à notre vénération le saint Roi sous lequel nos aïeux ont eu le bonheur de vivre. Si l'un de ses descendans nous gouverne aujourd'hui , nous le devons à cet évènement à jamais mémorable, qui a brisé nos fers. En effet, aucun Français peut- ignorer le joug tyrannique qui a pesé sur cette belle portion de l'Europe pendant plus de vingt-deux ans ? Les maux affreux qui ont accablé la France, désolé la terre, sont encore présens à la mémoire. Hélas ! sans les coups que le Ciel vient de frapper, quel eût été notre sort ? Mais écartons de notre esprit tout souvenir de ces tems malheureux, et ne déroulons pas un tableau qui ne pourrait que déchirer nos cœurs.

Un rejeton de saint Louis est sur le trône. Fidèle imitateur de ses vertus, il va tarir nos larmes et cicatriser nos plaies. Un avenir heureux se présente devant nous. Le sang des hommes n'abreuvera plus la terre. Déjà la paix a consolé le monde. Déjà le Monarque a posé les fondemens d'un Gouvernement tutélaire. Les Bourbons ne sont-ils pas les pères du peuple ?

Par quelle fatalité se trouve-t-il donc encore aujourd'hui des êtres qui, par une malignité inconcevable, profitent de l'ignorance ou de la trop facile crédulité de leurs concitoyens, pour répandre l'alarme, en accréditant des mensonges que la moindre réflexion serait capable de détruire ? Ah ! il en est peut-être parmi vous, sur qui ces mensonges ont fait impression ! Gardez - vous d'ajouter foi à ces propos incendiaires, que la raison réprouve. Vouez au mépris ces hommes qui ne rougissent pas de se montrer les ennemis de la tranquillité publique. Soyez dans la plus grande sécurité. Que peut ce petit nombre de voix discordantes contre la masse de la nation qui s'est ralliée au sceptre de son Roi ?

Le nouvel ordre de choses que nous voyons, la transition des plus terribles calamités qui aient jamais affligé l'espèce humaine, aux bien-faits d'une paix solide et à la sage administration de l'antique dynastie de nos Rois, sont l'effet d'une volonté particulière de la Providence. Mais qui a fléchi la justice divine ? Qui a pu, sur cette terre désolée par tant d'erreurs, souillée par tant de crimes, attirer des regards de compassion et de miséricorde ? Ah ! Français, s'il était en votre pouvoir de vous dégager des liens du tems, s'il vous était donné de contempler avec des yeux mortels le spectacle invisible qui se déploye sur vos têtes, vous le verriez celui que des barbares ont immolé, ce LOUIS XVI, dont l'ame était si pure, dont les vertus furent si religieuses, qui, dans un cœur abreuvé de fiel, n'a jamais pu nourrir un sentiment de haine ; vous le verriez, ce Roi qui ne savait qu'aimer, prosterné au pied du trône de l'Eternel, se répandre en actions de graces pour le remercier de ce que sa bonté infinie a daigné enfin exaucer avec tant d'éclat son humble et persévérante prière, la prière que depuis sa mort déplorable il n'a cessé de lui adresser pour cette France qui lui est toujours chère !] *M. Bergasse.*

Conservons le souvenir d'une si éclatante protection du Très-Haut. C'est par lui que la France a repris le cours de ses destinées. Que LOUIS-LE-DÉSIRÉ soit donc le centre de nos affections ! Rendons-lui amour pour amour ; et n'oublions pas que la meilleure preuve de notre fidélité et de notre attachement à son auguste personne, est une entière soumission aux loix. Puisse la France ne composer qu'une seule famille ! Puisse aucune dissension n'attrister le cœur paternel du Monarque.

VIVE LE ROI !

21 *Janvier* 1815.

L'ATTENTAT le plus atroce et dont l'histoire des peuples civilisés ne fournit pas d'exemple, nous commande aujourd'hui une réparation expiatoire dans le Temple de l'Eternel. Ce jour nous rappelle un régicide qui a coûté bien cher à la patrie. LOUIS XVI, ce Roi si bon, pouvait-il s'attendre à une mort aussi cruelle, lui qui n'a jamais eu l'idée d'une injustice, lui qui a toujours été dominé par une pensée unique, le bien de ses sujets ; lui qui, pour prix de tant d'amour et de tant d'affection, n'a recueilli que la plus noire ingratitude ; lui qui avait du sang une telle horreur qu'il n'a pas voulu verser le plus impur ?

Transportons-nous à cette affreuse époque. Nous verrons toutes les passions humaines déchaînées, le Trône et l'Autel renversés, la discorde et l'anarchie triomphantes, le peuple français mis dans une espèce d'interdiction par une poignée de factieux. Les bourreaux entouraient la Convention ; ils en remplissaient les tribunes ; ils montraient au doigt et désignaient au poignard quiconque refuserait de concourir à l'assassinat de LOUIS XVI. Les lieux publics , les places , les carrefours retentissaient de menaces , de hurlemens.

On avait fait des préparatifs pour égorger la Famille Royale , une partie des Députés et des milliers de proscrits, dans le cas où le Roi ne serait pas condamné. Troublés par tant de périls , plusieurs membres de la Convention croyent trouver un moyen de concilier tous les intérêts; ils s'imaginent que par un vote évasif ils sauveront la Famille Royale , suspendront la mort du Roi et préviendront le massacre général. Ils saisissent avidement cette idée , et prononcent un vote conditionnel. Mais leurs collègues ne s'y trompent pas ; ils devinent leur intention , rejettent avec fureur l'appel au peuple , et comptent le vote comme donné pour la mort.

L'arrêt fatal est porté...... LOUIS , après avoir été abreuvé d'amertumes et rassasié d'opprobres , couronne la vie d'un sage par la mort d'un saint......

Je n'ai pu résister à la tentation de rapporter ici quelques-unes des dispositions contenues dans ce monument immortel de grandeur d'ame et d'amour, le testament sublime d'un Roi martyr écrit sous la dictée d'un Dieu. Les voici :

« Je prie tous ceux que je pourrais avoir » offensés par inadvertance [car je ne me rap- » pelle pas d'avoir fait sciemment aucune offense » à personne] de me pardonner le mal qu'ils » croyent que je peux leur avoit fait.

» Je pardonne de tout mon cœur à ceux » qui se sont faits mes ennemis sans que je » leur en aye donné aucun sujet, et je prie » Dieu de leur pardonner.

» Je recommande à mon fils , s'il avait le » malheur de devenir Roi , de songer qu'il se » doit entièrement au bonheur de son peuple ; » qu'il doit oublier toute haine et tout ressen- » timent , et nommément tout ce qui a rapport » aux malheurs et aux chagrins que j'éprouve....

» Je déclare devant Dieu , et prêt à paraître » devant lui, que je ne me reproche aucun des » crimes qui sont avancés contre moi ».

Le jour où la victime innocente fut immolée sur l'échafaud , une terreur muette comprima les esprits dans la Capitale. Personne n'osa sortir. Toutes les boutiques restèrent fermées. Bientôt la consternation fut générale dans tout le Royaume.

Peu de tems après, les Provinces se soulevèrent.
Le Poitou , l'Anjou, la Bretagne , arborèrent
l'étendard de la fidélité. L'Europe entière s'arma
contre la France... Contre la France. Qu'ai-je dit?
Non, ce ne sont pas les Français, ce n'est pas ce
peuple idolâtre de ses Rois, qui a pu consentir
à la mort du meilleur des Princes. Mais pourquoi
ne s'y est-il pas opposé? Pourquoi n'a-t-il pas
chassé ces forcénés qui prétendaient le repré-
senter , et dont chaque discours rappelle une
folie coupable , chaque pensée une injustice, .
chaque décret un crime? Pourquoi? C'est que
les méchans se concertent et se rapprochent,
tandis que les bons se divisent et s'éloignent;
c'est que les méchans ne connaissent que la
ligne droite pour arriver à leur but , tandis que
les bons prennent tous les chemins ; c'est que
les méchans complotent pour la réussite du
mal , tandis que les bons ne savent pas conspirer
pour le succès du bien.

Le jugement de LOUIS XVI fut le plus grand
de tous les crimes de la révolution. Il devint
pour la France le plus grand de tous les malheurs.
Le 21 Janvier 1793 avait vu tomber la Mo-
narchie. La République lui fut substituée. Non

pouvons apprécier ce que ce changement de gouvernement a produit. Que chacun de nous en appelle à sa propre expérience! Qu'il se retrace ce qu'il a vu , ce qu'il a entendu , ce qu'il a senti! A quel excès de dégradation toutes les classes de la société ne sont-elles pas parvenues? Oui , le moment d'un bouleversement général était arrivé.

Buonaparte sort des rangs de l'armée ; il s'assied insolemment sur le trône ensanglanté de son Roi. Non content d'un des premiers trônes de l'univers , il rêve la domination suprême de l'Europe, Il donne de la réalité à ce rêve extravagant. Il compte pour rien les larmes , le sang , les ravages , l'incendie , la dévastation ; suites inséparables de l'exécution de son projet audacieux. Il attaque tour-à-tour toutes les Puissances. Il pénètre jusque dans les déserts de la Russie. Déjà la victoire semble couronner les efforts de cet ambitieux. Il entre dans Moskou , plante ses drapeaux sur l'antique palais des Czars. Enivré de ce succès , il commence à se croire un Dieu , et il n'agit pas même en homme sensé. Un reste de prudence l'abandonne ; il ne prévoit ni la marche des saisons, ni aucun des besoins de son armée. En vain l'embrasement de Moskou l'obligeant, dès les premiers jours, à sortir de cette Capitale, semble l'avertir de fuir une terre qu'il n'aurait jamais dû fouler, il y rentre, jaloux de régner sur des ruines. Il donne enfin le signal du départ ; il n'était plus tems. Toutes les horreurs du climat le plus affreux fondent à la fois sur ces braves, dont le courage ne devait céder qu'à une puissance surnaturelle. Ils ont à combattre ensemble le froid et la faim, la fatigue et la honte ; et ce conquérant, naguère si vain, s'échappe comme un fugitif, peuplant les déserts de cadavres. Il abandonne son armée, ou plutôt quelques faibles débris, et rentre dans sa Capitale. Il rassemble de nouvelles forces, et reparaît sur le champ de carnage. La France éprouve une seconde catastrope non moins épouvantable ; l'armée française est anéantie à Léipsick.

Buonaparte rentre de nouveau dans son palais : il veut encore de l'or et du sang ; et au lieu de lui demander compte de tout ce qu'on lui a confié, ce peuple français si bon, si patient, lui prodigue encore son sang et son or. Qu'a-t-il donc fait des quinze milliards d'impôts et des cinq millions de Français, qu'il a levés depuis environ dix ans ? . . . . . Il était écrit dans les décrets de la Providence, que ce faux grand homme, qui a dévoré nos richesses et notre population, et qu'à juste titre on peut appeller le fléau de l'espèce humaine, creuserait de sa propre main l'abîme où il devait s'engloutir.

L'Europe avait été inondée de sang. Tout les trônes avaient été ébranlés. Il n'y avait qu'un seul moyen de rendre la paix au monde; c'était de rendre à la France cette illustre Famille des Bourbons, dont les vertus allaient faire asseoir sur le trône la justice, la clémence, l'amour de la paix, la religion et les mœurs. Les Souverains alliés n'avaient réellement pris les armes que pour la paix de l'Europe. Ils marchent vers Paris ; ils s'emparent des hauteurs de Montmartre ; ils arrivent aux portes de la Capitale. Chacun alors se rappelle, en frémissant, les trésors de vengeance que le tyran de la France amassa sur nos têtes, lorsque, le fer et la flamme à la main, il ravageait la terre. Grand Dieu ! que pourront, contre l'Europe coalisée, des pères de famille presque tous étrangers au maniement des armes ?

Remarquez qu'on avait comme scellé le tombeau de la Royauté du sceau des différens gouvernemens qui se sont succédés depuis le régicide que nous ne pourrons jamais avoir trop expié. Mais, malgré toutes les grandes mesures prises contre les droits des Bourbons, le sang de LOUIS XVI a eu la vertu d'affermir sur le trône français cette illustre Maison. Les Parisiens, mus par une impulsion divine, ont fait entendre le cri de VIVE LE ROI ! Ce cri montre au alliés le seul parti qu'ils eussent à prendre pour leur gloire. Cédant aux vœux des Français, les Souverains entrent dans Paris. Ils y donnent une leçon de modération et un exemple de magnanimité, sont reçus comme des libérateurs au milieu d'une population immense accourue à leur entrée comme à l'appareil d'une fête, et la France est sauvée. En effet, les alliés ne combattent plus que pour nous rendre notre Roi légitime.

Ce Buonaparte, à l'ambition duquel le monde paraissait à peine suffire, marchande sa honte pour quelques millions. Il abdique pour lui et les siens ; et l'armée, n'écoutant plus que son devoir, prête serment de fidélité à LOUIS XVIII. D'une extrêmité de la France à l'autre retentit le cri de VIVE LE ROI ! Par un enchaînement de prodiges que la seule main de Dieu a pu opérer, ce colosse orgueilleux, qui faisait gémir la terre épouvantée, est renversé et disparaît avec la rapidité de l'éclair ; et LOUIS-LE-DÉSIRÉ ressaisit le sceptre de ses aïeux, pour faire renaître les beaux jours de Henri.

Si on nous eût dit sous la tyrannie : « Que » vous reste-t-il de votre révolution ? » Nous eussions été forcés de répondre : « Des crimes » et des chaînes ! » Maintenant nous répondrons sous notre ROI : « Des vertus et la « liberté ! » Immobile sur son trône, qu'aucune puissance humaine ne pourrait aujourd'hui ébranler, le ROI a calmé les flots autour de lui. Il n'a cédé à aucune influence, à aucune impulsion, à aucun parti. Sa patience confond, sa bonté subjugue et entraîne. Il a connu les propos qu'on a pu tenir, les petites humeurs qu'on a témoignées, les folles démarches qu'on a pu faire. Tout cela s'est évanoui devant son inaltérable sérénité.

On rencontre encore, même dans la campagne, des marchands, des artisans, des cabaretiers, des petits propriétaires, qui tous ont la sottise de se croire des savans, et s'occupent de la situation de la France. On les entend parler législature, administration, impôts surtout. Ils parlent et jugent effrontément de ce qu'ils ne connaissent pas. Ils vont jusqu'à dire: *Ah! si j'étais!* . . . . . sous-entendu, *en place!* Ces expressions sont le mot d'ordre des mécontens, et supposent une arrière-pensée qui ne peut être que celle-ci : *Tout en irait bien mieux*. Je leur répondrai avec ma franchise ordinaire : *Que Dieu nous en garde!* Où nous conduiraient toutes ces déclamations indécentes et criminelles que des ennemis de l'ordre et de la tranquillité osent se permettre contre le Gouvernement ? Ont-ils donc encore besoin de leçons ? Ah! qu'ils interrogent les ruines et les tombeaux !

Tout bon français doit aujourd'hui renfermer dans son cœur ses propres mécontentemens, en eût-il de raisonnables, et ne pas se choquer de misères qui sont bien peu de chose au prix des maux innombrables qui ont pesé sur nous,

et y pèseraient encore sans le bienfait mira-
culeux de la restauration. Jouissons avec re-
connaissance de ce bienfait inattendu. Re-
doublons de dévouement pour notre Roi que
le Ciel a doué de toutes les vertus propres à
cicatriser nos plaies. Ce Prince, malgré nos
erreurs, ne nous a pas déshérités de sa ten-
dresse. Ne se montre-t-il pas le père de la
grande famille des Français ?

Le son lugubre de la cloche nous appelle
au Temple du Très-Haut. Allons environner
l'Autel de ce Dieu redoutable. Faisons-lui des
vœux, afin d'acquitter pleinement pour le Roi
que nous pleurons, si elle ne l'était pas encore, la
dette de la fragilité humaine ; et pour obtenir,
en même tems, que celui qui ôte la vie aux
Princes, la conserve long-tems au Roi Bien-
Aimé, à qui il a rendu son trône et ses peuples.

Nota. L'Auteur de ces Discours en a puisé la
plus grande partie dans des sources bien connues,
mais dont les habitans de la campagne n'ont pour
la plupart aucune notion. Il a jugé à propos de

réunir et lier ensemble les différens morceaux qu'il a recueillis dans le dessein de leur mettre sous les yeux des évènemens que personne ne doit ignorer. L'unique fin qu'il s'est proposée, en rendant publics ces Discours, est d'inspirer un dévouement sans bornes (*si bien mérité*) à l'auguste Maison des Bourbons, qui a fait, pendant des siècles, le bonheur et la gloire de la France.

A CHARTRES,

De l'Imprimerie de la veuve DESHAYES, rue du Cheval-Blanc, N.º 85.

M DCCC XV.